Leopold Rosner

Erinnerungen an Anzengruber

Leopold Rosner

Erinnerungen an Anzengruber

ISBN/EAN: 9783744618335

Hergestellt in Europa, USA, Kanada, Australien, Japan

Cover: Foto ©ninafisch / pixelio.de

Weitere Bücher finden Sie auf **www.hansebooks.com**

Erinnerungen

an

Anzengruber

von

L. Rosner.

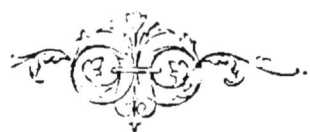

Leipzig und Wien

Verlag von Julius Klinkhardt.

1891.

An die Baronin

rie Ebner-Eschenbach,

Vous l'avez voulu!

Ich bin zu öfteren Malen von befreundeten litera=
rischen Persönlichkeiten ersucht worden, Mittheilungen
aus meinem persönlichen Verkehr mit Ludwig Anzen=
gruber zu machen und Einiges aus unserem Briefwechsel
zu veröffentlichen, von welchem die Freunde und Ver=
ehrer des Dichters sich interessantes Material für dessen
einstigen Biographen versprechen.

Ich habe mich nicht leicht entschlossen, diesen ebenso
schmeichelhaften, wie berechtigten Wünschen nachzukommen,
weil es nicht zu umgehen ist, daß ich des Oefteren auch
von mir selbst sprechen muß und dieser Umstand den
nicht „geneigten" Leser leicht auf die Vermuthung bringen
könnte, daß das eigene Ich absichtlich in den Vorder=
grund gestellt oder geschoben wird.

Werde ich diesem Verdachte entgehen können?
Schwerlich!

Zu Anfang der sechziger Jahre übersetzte ich u. A.
auch für das Feuilleton des politischen Tageblattes „Der
Wanderer" ungarische Novellen von Eötvös, Gyulai,
Jokai u. A. Johannes Nordmann war Redacteur,
Mor. Graß Eigenthümer des Blattes. Man bekam

nicht viel Honorar, aber man bekam es. Mehr als zwanzig Gulden bezahlte Herr Graß nicht gerne für eine Erzäh= lung, die durch zwölf bis fünfzehn Nummern des Abend= blattes lief. — Eines Tages rief mir der jüngste der Redacteure, ein üppigschöner blonder Jüngling, zu: „Du, mit Deinen Uebersetzungen wird's nun bald aus sein bei uns. Wir haben jetzt Einen, der liefert Origi= nale — das Paar um fünfzehn Gulden."

„Die werden auch danach sein!" — meinte ich.

„Na", entgegnete der blonde Apoll, „sie sind so übel nicht!"

„Und wer ist der Dichter?"

„Ein armer Teufel. Er spielt kleine Rollen im Harmonie=Theater (jetzt Danzer's „Orpheum") und heißt Anzengruber."

Damals hörte ich diesen Namen zum ersten Male. Die beiden Novellen, für welche der glückliche Dichter fünfzehn Gulden als Honorar erhielt, waren wirklich so übel nicht. Trotzdem konnte sich Anzengruber nicht ent= schließen, sie später einer der Sammlungen seiner Er= zählungen einzuverleiben. Ich werde an anderer Stelle mittheilen, wie er darüber dachte.

Am 5. November 1870 wurde der „Pfarrer von Kirchfeld" zum ersten Male im Theater an der Wien aufgeführt. Dieses Theater cultivirte um jene Zeit längst die Operette und es befremdete einigermaßen, daß einige Tage, die noch zur Fertigstellung einer großen Ausstattungs=Novität nöthig waren, durch eine Bauern=Komödie ausgefüllt werden sollten, deren unbe= kannter Verfasser sich L. Gruber nannte und von dem es hieß, daß er „ein kleiner Beamter bei der Polizei" sei.

Der Charakter=Komiker Rott, der in dem Stücke nicht beschäftigt war, sagte mir, daß die Direction auf ein langes Leben dieser Novität nicht zu rechnen scheine, es sei aber eine höchst respectable Arbeit und in früheren Jahren wäre solch' eine Komödie ein Cassenstück ge= worden. Heute, wo das Publicum durch die Operetten — ein völlig anderes geworden, werde der Mann einen schweren Stand haben.

Der Erfolg war, wie man weiß, ein starker und wuchs von Tag zu Tag, so daß die Direction Steiner= Geistinger, die mit einem ziemlich kostspieligen Appa= rat arbeitete, das Stück, welches vorzüglich gespielt wurde, an einundzwanzig Abenden hintereinander geben konnte.

Als ich im November 1871 eine Buchhandlung eröffnete, debutirte ich auch als Verleger zunächst mit den Stücken, welche um jene Zeit das Repertoire der Wiener Theater beherrschten, und der „Pfarrer von Kirchfeld" sollte mir nicht fehlen, und so suchte ich denn

den Dichter auf, von dem mir Freund Millöcker er=
zählte, daß er zwölf Stücke verfaßt und bei den ver=
schiedenen Theatern Wiens eingereicht hatte, die er
sämmtlich als unbrauchbar zurückbekam — ehe es ihm
gelang, mit dem „Pfarrer" festen Fuß zu fassen. Anzen=
gruber bewohnte damals in der Waisenhausgasse mit
seiner Mutter zusammen eine ziemlich schmale, kleine
„Kammer". Die Einrichtung war die bescheidenste, die
man sich denken kann. Der Längenseite nach standen
rechts und links je ein Bett, dazwischen, gerade der
Thür gegenüber, ein Schreibtisch. Alles aus weichem
Holze. Ein Waschtisch, ein Kasten, etwa drei Stühle
und ein eisernes Oefchen nahmen die andere Seite der
Wand ein. Ober dem Schreibtische hing eine Aquarell=
zeichnung, ein Blumenstück darstellend. Als ich eintrat,
saß der Dichter vor dem Schreibtisch. Er trug einen
großgeblumten, ziemlich defecten Schlafrock, rauchte aus
einer langen Pfeife und indem er mir Millöcker's
Empfehlungskarte aus der Hand nahm, stieß er ein
kurzes, scharfes „Ah" aus, fragte nach meinem Begehr
und hieß mich Platz nehmen. Er war freudig erröthet,
als ich ihm sagte, daß ich den „Pfarrer" für meinen
Verlag erwerben wolle, und da ich um seine Honorar=
Bedingungen fragte, antwortete er mir in seiner eigen=
thümlichen kurzen, die Worte hervorstoßenden Weise:

„Bieten Sie mir was! Convenirt mir Ihr Anbot, so
wird das Geschäft gemacht — convenirt mir Ihr An=
bot nicht, so haben wir weiter nichts mitsammen zu
reden."

Die alte Frau war mittlerweile zum Fenster ge=
gangen, weniger um die Aussicht zu genießen, als um
mich von dort aus mit ihren klugen Augen besser durch=
schauen zu können. Ich sagte, was ich bei anständiger
Ausstattung und verhältnißmäßig billigem Ladenpreise
für eine Auflage von 1200 Exemplaren glaube zahlen
zu können — mein Angebot convenirte und die erste
geschäftliche Angelegenheit war innerhalb einiger Mi=
nuten erledigt. Mein Vorschlag, dem Buche Laube's
Feuilleton aus der „N. Fr. Pr." beizugeben und dies
auf dem Titelblatte zu vermerken, gefiel dem Dichter.
„Aber das müssen Sie mit Laube abmachen!" Laube,
der mir oft und gerne gefällig war, gab bereitwilligst
seine Zustimmung und kurze Zeit darauf wurde „Der
Pfarrer von Kirchfeld", Volksstück in vier Acten, im
Buchhandel versendet.

Von dieser Zeit ab wurde mein Verhältniß zu
Anzengruber ein immer innigeres, ich blieb durch zehn
Jahre sein einziger Verleger und er blieb mir in treuer
Freundschaft gewogen bis zu seinem Ende. Er hat
fünfzehn Stücke, den Roman „Der Schandfleck" und

zwei Bände Erzählungen unter dem Titel „Dorfgänge" in meinem Verlage erscheinen lassen. Es gab nur einerlei Differenz zwischen uns. Er behauptete, daß ich ihn überschätze. „Es ist mir gleichgiltig, wenn ein mir unbekannter Verleger sich den Sport gönnt, mir ein großes Honorar anzubieten, und schließlich seine Rech= nung nicht dabei findet, Sie aber haben Opfer genug gebracht und ich will nicht, daß mein Freund sein Geld bei meinen Büchern zusetzt."

So sprach er zu mir und in diesem Sinne schrieb er an mich zu wiederholten Malen.

* * *

Der 9. December 1871 brachte dem Theater an der Wien das zweite Volksstück von Anzengruber: „Der Meineidbauer." Es war ein durch treffliche Dar= stellung gehobener mächtiger Erfolg des Dichters. Die Kritik war des Lobes voll, und der jüngst verstorbene Seligmann Heller stellte das Stück neben oder gar über den „König Lear". Für die Besucher des Theaters an der Wien schienen aber die Handlung zu mächtig, die Keulenschläge zu wuchtig gewesen zu sein, der Besuch stand nicht auf der Höhe des Erfolges. „Der Meineid= bauer" wurde nach der vierzehnten Vorstellung vorläufig vom Repertoire abgesetzt.

Am 12. October 1872 folgten „Die Kreuzel=
schreiber", welche brillant aufgenommen wurden und
nicht nur großen Heiterkeits=, sondern auch Cassenerfolg
hatten. Sie wurden einundzwanzigmal en suite gespielt
und dann, wie die anderen Stücke Anzengruber's, noch
oft wiederholt.

Der 20. April 1873 brachte ein neues Stück:
„Elfriede", ein Schauspiel in drei Acten. Es war
für's Burgtheater geschrieben und wurde von den Hof=
schauspielern zuerst im Carltheater und dann im k. k.
Hofburgtheater aufgeführt. Es war kein ganzer Erfolg,
aber immerhin ein vielversprechender erster Schritt auf
dem heißen, unserem Dichter ungewohnten Boden des
Hofburgtheaters. Durch die anhaltende Erkrankung
Baumeister's und die vielen Absagen der Frau Straß=
mann wurde das Stück öfter vom Repertoire abgesetzt,
als es gegeben wurde. Es hat im Ganzen bis zum
23. August vier Aufführungen auf dem Michaeler=Platze
erlebt. Mit einem zweiten Versuche für das Hofburg=
theater, einem historischen Trauerspiele „Bertha von
Frankreich", kam der Dichter nicht über den ersten Act
hinaus. Er schien die Lust verloren zu haben.

Anzengruber's Stellung als Dichter war eine
schwierige geworden. Nach dem „Meineidbauer" gab
es Stimmen, welche riefen: „Man geht doch nach des

Tages Mühen nicht in's Theater, um so erschüttert, so zerschlagen nach Hause zu kommen, daß Einem nicht einmal das Essen schmeckt; man will sich doch unterhalten! Warum schreibt der Mann so schwere Stücke, warum nichts Heiteres?!" Nach den „Kreuzelschreibern" hieß es: „Eine Posse, eine Bauernposse! Von einem Anzengruber erwartet man doch schweres Geschütz! Und warum denn immer Bauern und Dialekt?! Er soll einmal für's Burgtheater schreiben!" Und als er für's Burgtheater und nicht im Dialekte schrieb, hieß es: „Weshalb bleibt der Mann nicht bei seinen Bauern? Die kennt er wie Keiner und dort ist sein Feld!" Und so machte der Dichter wohl manchmal kleine Concessionen, die nie ganz gut ausfielen. Offenbar war es eine Concession, die er seinem „Entdecker", dem Director Maximilian Steiner, machte, als er sich entschloß, ein Schauspiel mit Gesang: „Die Tochter des Wucherers" zu schreiben. Das Stück enthält einzelne, ganz meisterhaft concipirte Scenen, wurde aber nicht unter einem glücklichen Sterne geboren. Der Dichter hatte am 3. Mai 1873 geheiratet, bald darauf erkrankte seine geliebte Mutter und er übersiedelte mit ihr nach Wolkersdorf, und als er mit der ersten Aufführung der „Tochter des Wucherers" am 17. October 1873 einen sanften Durchfall erlitt, hatte er drei Unglücksfälle in verhältnißmäßig sehr kurzer Zeit zu verzeichnen.

„Die Tochter des Wucherers" wurde im Theater
an der Wien nur dreimal, aber bei ausverkauften Häusern
gegeben, und trotzdem die Casse des Theaters diesmal
merkwürdigerweise unter der harten Kritik der Zeitungen
nicht zu leiden hatte, brach Director Steiner dennoch
die Vorstellungen ab. „Ich will mir mein Publicum
nicht verderben lassen!" äußerte er sich zum Kapellmeister
Millöcker, der eine sehr melodiöse Musik zu dem
Stücke geschrieben.

> „Etwas dunkel zwar,
> Aber 's klingt recht wunderbar."

Die Stücke Anzengruber's wurden mir vom Dichter
gewöhnlich acht Tage vor Beginn der Proben übergeben
und während derselben gedruckt, so daß sie am Tage
nach der ersten Vorstellung ausgegeben werden konnten.
In der Zwischenzeit erwartete der Dichter mein Urtheil
über seine Arbeit, und ich erstattete es meist schriftlich
— denn er wünschte diese Fassung — mit ehrlicher
Offenheit. Ob meine Beurtheilungen einen praktischen
Werth für ihn hatten oder nicht, vermag ich nicht zu
bestimmen, vermuthlich waren sie nur von persönlichem
Interesse, denn acceptirt hätte er meine etwaigen Vor=
schläge oder Bedenken doch nicht, — er änderte nichts!
— Nichtsdestoweniger brannte er auf dieses Urtheil und
er konnte unruhig und ungehalten werden, wenn es zu

lange auf sich warten ließ, was bei der Ueberbürdung
von geschäftlichen Arbeiten manchmal nicht zu ver=
meiden war.

Wenige Tage nach der ersten Aufführung der nicht
gerathenen „Tochter des Wucherers" schrieb er mir:

Wolkersdorf, den 21. October 1873.

Werther Verleger und Freund!

Anbei die durchgesehenen Bogen der „Tochter des
Wucherers", das Ganze sohin druckfähig. Bitte, nach
Empfang der Exemplare hundert an Sachse gelangen zu
lassen.

Es hat mich nicht frappirt, daß Sie kein Wort des
Trostes mir sendeten, denn ich trage mein Mißgeschick
mit männlicher Ergebenheit. Und doch — die Geschichte
ist besser als ihr Ruf! — Die Aufführung hat sie ge=
rade nicht gehoben. Auffällig ist mir nur das Eine,
daß ich zur Pein der alten Volksschriftsteller geboren
worden zu sein scheine. Reussire ich, so heißt es: „Ah,
das ist doch was Anderes", und falle ich durch, so
heißt's: „G'rad' so miserabel, wie es die gemacht haben."
Für das Erstere bedanke ich mich, für das Zweite mögen
sich die Letzteren bedanken; ich bin nicht so wie unsere
vaterländischen Recensenten, ich gedenke auch der Ver=
dienste vergangener Größen.

Honorar beanspruche ich für diese Komödie keines
von Ihnen, 100 Exemplare berechnen Sie mir freund=

lichst; es ist Opfermuth genug, daß Sie den Verlag
überhaupt übernommen.

Alle kritischen Schleusen haben sich diesmal auf=
gethan — nun, auch Schlammbäder sollen ihr Gesundes
haben und die Freude, die ich meinen Feinden
gemacht, soll von keiner besonderen Dauer sein.

Es grüßt Sie herzlichst

Ihr

Anzengruber.

Das Bedürfniß, Briefe zu erhalten, mag durch die
Eintönigkeit des Winters in Wolkersdorf gesteigert wor=
den sein. Anzengruber, der Dichter, konnte sich viel=
leicht nicht vorstellen, daß ein Geschäftsmann in Wien
vierzehn Tage vor Weihnachten sich nur auf die aller=
dringendste Correspondenz beschränken muß. War er
einige Zeit ohne Nachricht, so befürchtete er sogleich
Mißverständnisse oder Differenzen, die es zwischen uns
nie gegeben.

So schreibt er:

Wolkersdorf, 6./XII. 73.

C. K.

Sie müssen mir — ich weiß nur nicht warum —
böse sein, da Sie mir mit keiner Zeile antworten.

Anzengruber.

Vor Schluß des Jahres kommt wieder eine Mah=
nung aus

Wolfersdorf, den 28./XII. 1873.

Werther Verleger und Freund (?)!

Sie lassen Nichts von sich hören. Entweder sind Sie mit dem Ausverkauf Ihres ganzen Lagers so in Anspruch genommen, oder Sie vermeinten, ich käme bald nach Wien. Letzteres dürfte sich noch für einige Zeit verzögern. Wenn daher nicht Differenzen — ich weiß zwar nicht, welcher Art — zwischen uns bestehen, so erfreuen Sie mich doch ja bald mit ein paar Zeilen, wenn es auch nicht mehr sind als vorliegende

Ihres getreuen

L. Anzengruber.

*   *   *

„. . . und die Freude, die ich meinen Feinden ge= macht, soll von keiner besonderen Dauer sein!" so schrieb mir Anzengruber am 21. October 1873, nach der Auf= führung der „Tochter des Wucherers" und er hat, eines Dichters würdig, diese Zusage eingelöst.

Anfangs Juni 1874 traf „Der G'wissens= wurm", Bauern=Komödie in drei Acten, ein und drei Monate später erhielt ich „Hand und Herz", Trauer= spiel in vier Acten.

Die Ostermeß=Arbeiten hatten mich sehr in An= spruch genommen, ich war wieder einmal mit dem er=

sehnten „Urtheil" nicht rasch genug zur Hand, und die Mahnung ließ nicht lange auf sich warten. Er schrieb:

Wolfersdorf, 8./VI. 1874.

Verehrter Freund!

Auch wenn Ihnen, wie ich aus Ihrem langen Schweigen schließe, mein neuestes opus, der gewisse „G'wissenswurm" nicht gefallen sollte, ist es doch nicht schön, den Autor so lange auf ein Urtheil warten zu lassen. Da lobe ich mir doch das Publicum, das patscht oder pfeift doch gleich.

Hat Hirt*) das Manuscript schon abholen lassen? Wenn nicht, so bitte ich, es ihm zuzusenden. Derselbe wohnt: VII., Kircheng. 10, II. St.

Bitte also um doppelte Benachrichtigung. Schimpfen Sie getrost, diesmal ist mir nicht bange! Aber ich höre gerne auch mißliebige Stimmen, aber freilich nur, wenn es unter uns bleibt, von Freunden.

Als solcher

Ihr

L. Anzengruber.

Der folgende Brief ist interessant, weil er einen Einblick in des Dichters Lectüre, gewissermaßen auch in seine geistige Werkstätte gewährt.

_____

*) Der Copist.

2

Wolkersdorf, den 24. Juli 1874.

Werther Freund und Verleger!

Alles mir Uebersandte habe ich acceptirt, bis auf mitfolgende „Bekannte und unbekannte Welten".*) Mit der bekannten schon so hinreichend bekannt, gelüstet mich's gar nicht nach den unbekannten. Aufrichtig gesagt, das Buch ist recht nett, spannend, Alles, was man will, vielleicht sogar lehrreich, aber ich finde an solcher Ver= quickung von Phantasie, Wissenschaft, Roman und Natur= historie keinen Geschmack. — Sohin bitte ich Sie, mir Lindau's „Gegenwart", wenn es nicht Umstände macht, mit Kreuzband zukommen zu lassen; ferner so freundlich zu sein, mir nachfolgende, bei Brockhaus erschienene Bücher zukommen zu lassen:

1. (längst erschienen) „Niels Klims Fahrt in die Unterwelt" von Holberg.

2. (neu) Technische Bibliothek (glaube V. Band) „Die chemischen Wirkungen des Lichtes."

Wundern Sie sich nicht darüber, ich weiß ganz gut, daß das nicht zur belletristischen Literatur gehört. Aber ich brauch's. Bin auch nicht der Meinung, über die chemischen Wirkungen des „Lampenlichtes" Aufklärung darin zu finden. Aber zum Schlusse hätte ich eine große Bitte. Wissen Sie kein Werk über Ceremonien und Ge= bräuche der katholischen Kirche, in dem man die nach der

---

*) Von Jules Verne.

Beichte übliche Lossprechung finden kann, natürlich im
lateinischen Wortlaut. Wenn, dann theilen Sie mir
das Buch zur Einsicht mit. — — — Sie sehen, der
Raum beginnt kostbar zu werden, also, bei mir befindet
sich Alles so ziemlich erträglich, ich bin fleißig, und indem
ich Ihnen und den Ihren das beste Wohlergehen wünsche,
grüße ich Sie auf das Herzlichste.

Ihr
L. Anzengruber.

Wenn ich wieder nach Wien komme, d. i. am
1. k. M., hinterlege ich den „G'wissenswurm" bei Ihnen.

*　　*
*

Ludwig Anzengruber hatte in meinem kleinen Laden
einige Persönlichkeiten kennen gelernt, die sich sehr für
ihn interessirten und von denen einige direct oder in=
direct sich ihm gefällig zu erweisen in der Lage waren.
Julius von der Traun, Carl Treumann, Fer=
dinand Kürnberger, Adolph Wilbrandt und Mi=
nister Baron Ernst Teschenberg gehörten zu diesen.
Später trafen wir uns ab und zu Abends in Brehing's
Restauration mit den Hofschauspielern Gabillon, Hart=
mann, Schöne und Thimig.

Bald nach der Aufführung der „Tochter des Wuche=
rers" besuchte mich der leider zu früh verstorbene
Teschenberg. Er frug mich unter Anderem, ob der

Dichter den Ausfall der Tantièmen sehr empfinde, und rückte dann in seiner vorsichtig-diplomatischen Weise mit der Frage heraus: „Und meinst Du, daß ein größerer Betrag in Form einer Ehrengabe und Anerkennung ihm Freude machen würde?" Ich glaubte, diese Frage bejahen zu können. Ein paar Tage später erhielt Anzengruber eine Einladung von Baron Hofmann, ihn auf dem Ballplatze zu besuchen, und bald darauf konnte er mir schreiben:

Werther Freund und Verleger!

Hab' gestern meine Ehrengabe von fl. 500 behoben, das war ein Tropfen Balsam auf die Wunde, die mir mein Entdecker schlug. — Davon Nichts mehr. — Zum Ganzen gehörte auch, daß sich meine Frau ein wenig zu Bette legte, an den Folgen einer totalen Verkühlung leidend, das hat sie denn auch gethan. Zum Glück ist die Geschichte nicht gefährlich.

Ich grüße Sie herzlichst

Ihr

L. Anzengruber.

Wolkersdorf, 30. August 1874.

Werther Freund!

In drangsalvoller Lage richte ich diese Zeilen an Sie; meine Frau ist hier unter bedeutenden Wehen von einem todten Knaben entbunden worden, dadurch ist die

Abreise von hier aufgeschoben, — an der Wien haben bereits die Proben vom „G'wissenswurm" begonnen, — — so trifft Alles wieder verwirrend und hastend auf einen Punkt zusammen, häusliches Mißgeschick, geschäftliche Bedenken. —

Ich habe Sie nun zu bitten, daß Sie das Möglichste dazu thun, daß wir sobald möglich den „G'wissenswurm" aus der Presse erhalten.

Steiner hätte gern Aufführung am 7. oder 10. k. M. festgesetzt, wird aber nicht sein können. — Mittwoch, den 2. befinde ich mich in Wien, wohne einer Probe bei, und wenn mir irgend Zeit bleibt, werde ich auch Sie besuchen. Bitte nur um möglichste Beschleunigung des Druckes des „Wurmes".

Es grüßt Sie

Ihr drangsalirter

L. Anzengruber.

P. S. Sorgen Sie nicht wegen „Herz und Hand", Trauersp. in 4 Act. v. L. A. Sie erhalten dasselbe, sobald ich Copiatur besitze, zur Lecture.

Wolkersdorf, d. 5. Septemb. 874.

Werther Freund und Verleger!

Anbei sende ich Ihnen retour die Correctur, bitte jedoch, dieselbe noch einmal flüchtig wegen etwaiger ungebührlich schiefer Zeilen u. dgl. m. zu überlaufen. Des Ferneren sende ich Ihnen das Neueste, mein Trauerspiel

„Hand und Herz", und erbitte mir Ihr Urtel nach ge=
nommener genauer Einsicht.

Ich vermelde nur noch, daß wir Alle uns passablich
befinden. Und mit besten Grüßen zeichne und nenne ich mich

Ihren getreuen

L. Anzengruber.

Am 9. Septemb. 874

schreibt er eine Correspondenz=Karte: „Bitt' um Cor=
recturen und Ihr Urtel über ‚Hand und Herz'." Tags
darauf

10. Septb.

bittet er, „von dem Momente ab, Nichts zu schicken, die=
weil meine Abreise vor der Thüre. Werde mich Ihnen
daher zu Wien als Revenant sogleich nach Ankunft vor=
stellen."

Und am nächstfolgenden Tage schreibt er:

Wolfersdorf, 11. IX. 74.

Werther Freund!

— — — Dieser Tage haben Sie einen Brief,
von Berlin an Sie gelangt, an mich adressirt, heute
schickten Sie Correctur und keine Zeile weiter, bin recht
ungehalten darüber, höre gern Gutes oder Schlimmes
über meine Producte „brennheiß".

— — — Es grüßt Sie Ihr

L. Anzengruber.

Bald darauf wünscht er einen „Kernmagyar", weil ihm um einige Kenntnisse in ungarischer Sprache, „insonderheit wie aufgeschrieben wird", zu thun ist, und schließt: „Ich wünsche Ihnen, daß es Ihnen besser ergehe wie mir, der ich eine kranke Mutter und eine unpäßliche Frau besitze. Schreiben Sie mir bald eine Karte.

Endlich nach langer Pause habe ich den ersten Act einer Burgtheater-Komödie beendet. An „Dioskuren" habe meinen Beitrag — sehr klein — abgethan, das ist Alles! Komme nicht so bald nach Wien, komme ich aber hin, so gibt's ein Wiedersehen.

Herzlich grüßend

Ihr getreuer

L. Anzengruber."

*   *   *

Die erste Aufführung des „G'wissenswurm", welcher im Theater an der Wien an fünfundzwanzig Abenden en suite gegeben wurde, fand am 19. September 1874 vor einem halbleeren Hause statt. Ich wohnte dieser Vorstellung mit Freund Adolph Wilbrandt bei, der sich für Anzengruber ungemein interessirte. Als die Ouverture zu Ende gespielt war und der Vorhang in

die Höhe ging, fragte mich mein Sitznachbar fast be=
stürzt: „Weshalb beginnt man denn schon? Warum
wartet man nicht, bis die Leute kommen?" Ich er=
widerte: „Es sind zehn Minuten nach Sieben vorüber.
Die bis jetzt nicht gekommen sind, kommen überhaupt
nicht mehr!"

Jedenfalls ist es charakteristisch, daß das Theater=
Publicum der ersten Aufführung eines Stückes von
Anzengruber nicht mehr Interesse entgegenbrachte und
— dieser Fall blieb nicht vereinzelt! Wo waren die
vielen „Verehrer" geblieben?

Unwillkürlich muß ich, während ich dies schreibe,
an den alten Ludwig Steub denken, der mir vor drei
Jahren in Meran sagte: „Es geht nirgends so närrisch
zu, wie in der Welt. Nach den Zuschriften, die ich seit
vierzig Jahren erhalte, habe ich über zehntausend
„Verehrer" und — meine Bücher werden nicht ge=
kauft. Die „Drei Sommer in Tirol" haben erst nach
einem Vierteljahrhundert eine zweite Auflage erlebt
und die meisten meiner Verleger kamen nicht auf die
Kosten!"

Der nun folgende Brief sollte als Begleitschreiben
an eine Redaction dem Buche beigegeben werden. Es
ist mir heute nicht mehr erinnerlich, für wen er be=

stimmt war und weßhalb die Absendung dann unter=
blieb.

Wien, den 30./XII. 1874.

Geehrte Redaction!

Erlaube mir mitfolgend durch meinen Verleger
L. Roßner ein Exemplar meines neuesten „Hand und
Herz" einzusenden und einer freundlichen Durchsicht zu
empfehlen.

Anfangs gedachte ich, daßselbe durch ein längeres
Geleitschreiben zu beleuchten, bedenkend jedoch, daß das
dem betreffenden Herrn Referenten nur Zeit rauben
würde, oder gar aussehen möchte, als sollte dem Werke
damit eine besondere Bedeutung zugeschrieben werden, —
so habe ich es wohlweislich unterlassen. Rede es für
sich in der Sprache, die es eben kann.

Mit ausgezeichneter Hochachtung

einer geehrten Redaction ergebener

L. Anzengruber.

Tags darauf, es war der letzte des Jahres 1874,
sendete er zwei Sitze zur ersten Vorstellung dieses Stückes
mit folgenden Zeilen:

„Ich bitte, da ich weiß, daß Sie morgen in allen
Zeitungen wühlen werden, mir dieselben zukommen zu

lassen und auch spätere Artikel mir gütigst zu avisiren (d. h., welche die zu lesen sich lohnt).

Sonst Nichts als glücklich Neujahr!

Herzlichst grüßt Sie Ihr

L. Anzengruber.

Es ist schon früher erwähnt worden, daß Anzengruber's Sprechweise eine eigenthümliche war, daß er die Worte scharf hervorzustoßen pflegte. Dies gab seiner Rede oft den Anschein, als ob sie brüsk gemeint wäre, was durchaus nicht der Fall war. Er machte, besonders neuen Bekanntschaften gegenüber, oft den Eindruck, als ob er verdrießlich wäre und sich unbehaglich fühlte. Ich bin der Meinung, daß seine Schüchternheit, seine gesellschaftliche Unbeholfenheit ihm unbewußt diese Maske aufdrangen. Es ist möglich, daß meine Anschauung nicht von Allen, die ihn kannten, getheilt wird. Thatsache ist, daß es Leute gab, mit welchen er sich so scharf sprach, daß eine behagliche Stimmung gar nicht aufkommen konnte. Zu diesen Personen zählte leider auch mein langjähriger Freund Theodor Lobe, der um jene Zeit, als Anzengruber „Hand und Herz" zur Aufführung einreichte, Laube's Nachfolger in der Direction des Wiener Stadttheaters war. Dichter und Director sprachen sich auf einer der ersten Proben sehr „spießig", sie sollen hart aneinander gerathen sein. Der Chronist des Stadttheaters ist sehr vorsichtig bei Erwähnung dieser Affaire. Kurz — Anzengruber blieb von den weiteren Proben fort. Er hatte die Empfindung, daß sein Stück von der Direction absichtlich gemordet wurde, und diese Empfindung war leider nicht ohne Berechtigung. Lobe, der ein Starrkopf war, setzte die erste Aufführung dieses Trauerspieles für den Sylvester-Abend an. Wer Wien und die Wiener kennt, wird zu-geben, daß für die Première eines Trauerspieles nicht leicht ein unglücklicherer Tag im Kalender ge-funden werden konnte als der — Sylvester-Abend. — Das Publicum nahm die Novität sehr beifällig auf, ob-gleich einige sehr starke Effecte die Nerven gehörig in Auf-ruhr brachten. Es wurde brillant gespielt, aber vor — einem halbleeren Hause. Die „Verehrer" waren wieder einmal nur durch einen sehr kleinen Percentsatz vertreten.

Director Lobe hatte aber an diesem Experimente nicht genug, er machte noch ein zweites, indem er am nächsten Tage, dem Neujahrstage, und an den darauf folgenden zwei Tagen, worunter ein Sonntag, „Dalila" und „Der Kaufmann von Venedig" aufführen ließ, um, wie er mir sagte, „die Tantièmen der Feiertags-Einnahmen zu er-sparen". Erst nach einer Unterbrechung von drei Tagen setzte er wieder „Hand und Herz" an. „Das war kein Heldenstück, Octavio!" Nun war das Stück um jeden Credit gebracht. In Wien ist man seit ewigen Zeiten gewohnt, eine Novität, welche am nächsten Tage nicht wieder= holt wird, als total durchgefallen zu betrachten. Die weiteren drei Vorstellungen haben auch wirklich nicht viel eingebracht.

Als ob das Schicksal die Verpflichtung gefühlt hätte, daß es diesen Schlag wieder gut zu machen habe, warf es dem Dichter gerade für dieses Stück den Schiller= Preis von dreitausend Mark in den Schoß.

* * *

An einem der ersten Märztage des Jahres 1875 machte ich Anzengruber meine geschäftlichen Vorschläge bezüglich der zweiten Auflage des „Pfarrer von Kirch= feld“. Mein Schreiben war kaum abgegangen, als ich die Mittheilung von dem Tode der Mutter des Dich= ters erhielt. Ich hatte die Empfindung, daß mein Brief geschäftlichen Inhaltes dem tief Trauernden im un= passendsten Momente zugekommen sein müsse, und ent= schuldigte mich. Darauf schrieb er:

Wien, 5. März 1875.

Verehrter Freund!

Meinen Dank für Ihre freundliche Theilnahme. Was Ihre Anfrage geschäftlichen Inhaltes betrifft, wie könnte ich die Ihnen übel nehmen? Sie wußten ja nicht, als Sie dieselbe abschickten, daß mich ein Schlag härtester Art getroffen habe.

Drucken Sie denn in Gottes Namen eine zweite Auflage vom „Pfarrer"; mit dem von Ihnen ange= botenen Honorar bin ich einverstanden. Ich wollte, die Selige hätte das auch noch hören können, es hätte sie erfreut, aber Sie als Veranlasser und Fritz Mauthner als Autor haben meiner Sterbenden doch die letzte Freude bereitet durch den Artikel in der „Gegenwart", den ich ihr in einer Stunde des Stillstandes ihrer Qualen vorgelesen.

Meinen innigen Dank und meinen herzlichsten Gruß
Ihr
L. Anzengruber.

Am 14. Mai 1875 dankt der Dichter dem Ver= leger für eine kleine Aufmerksamkeit.

Werther Freund!

Meinen besten Dank für Ihr Geschenk, mehr er= laubt mir — nicht die Rührung, da ich noch kein Ju= bilar bin, sondern der Umstand nicht zu sagen, daß ich gegenwärtig an Thatsachen Nichts zu melden habe und sonst an Gedankenarmuth laborire, ein bedauerlicher Zu= stand, — unterdessen helfe ich demselben randweise eben durch das mir so freundlich gespendete ausgezeichnete

Kraut ab, ich werde Sie ohnedies nächster Tage auf=
suchen, schließe daher mit einem „auf Wiedersehen".

Ihr getreuer

L. Anzengruber.

Wohl aus dieser Zeit findet sich folgende Ein-
berufung ohne Datum:

Zur Nachricht

den Freunden dienen mag,
Daß ich, um mich zu erheitern und zu ermuntern,
Von nächste Woche an, an jeden Donnerstag
Mich versammle bei Pilz in den unter'n
Räumlichkeiten um die achte Stund',
Wozu ich höflichst lade Freunde und
Bekannte, verpflichte jedoch Keinen,
Etwa jeden Donnerstag dort zu erscheinen,
Sondern hat er g'rade Lust und Zeit an einen,
So komm' er hinüber.

Euer freundgesinnter

L. Anzengruber.

Sende auch Ihnen dieses neueste Product meiner
Muse, erstens, damit Sie auch, wenn es Ihnen gerade
durch'n Kopf geht, mich einmal dort aufsuchen können,
zweitens, daß, wenn Sie mich für eine Zusammenkunft
wo anders brauchen, Sie nunmehr wissen, daß ich an

den zwei Tagen mit dem weichen D, d. i. Diens= und Donnerstag nicht zu haben bin, ansonsten aber zu Diensten stehe gegen vorheriges Aviso.

Es grüßt bestens

Der Obige.

*   *   *

Der 1. Februar 1876 brachte im Theater an der Wien „Doppelselbstmord", Bauernposse mit Gesang in drei Acten, welche nur drei Aufführungen erlebte.

Um jene Zeit arbeitete der Dichter an einem seiner prächtigsten Werke. Wir meinen seinen ersten Roman „Der Schandfleck". Er erschien zuerst in der mit großem Aufwande gegründeten Wochenschrift „Die Heimat", mit welcher der Leipziger „Gartenlaube" Concurrenz gemacht werden sollte, und lief durch sechs Monate, vom 1. April 1876 bis Ende September. „Die Heimat", welche es im ersten Jahre ihres Erscheinens unter der Redaction von C. v. Vincenti und Ferdinand Groß zu der respectablen Auflage von nahezu zwanzigtausend Exemplaren brachte, zahlte an Anzengruber ein Honorar von circa achtzehnhundert Gulden.

Ich wollte selbstverständlich auch dieses Werk, dessen Lectüre mächtig auf mich wirkte, für meinen Verlag er= werben und machte dem Dichter die Proposition, ihn

am Absatz zu betheiligen. Er sollte für jedes als ver=
kauft erscheinende Exemplar fünfundzwanzig Kreuzer er=
halten und ich garantirte — nach Art der „Spiel=
honorare" — als sein Erträgniß eine bestimmte Summe,
welche ich sofort bezahlte.

Die schriftlichen Auseinandersetzungen währten dies=
mal vier Tage, bis wir einig waren.

Wien, d. 26. Aug. 876.

Werther Freund und Verleger!

Sein's nicht bös, daß ich in Betreff Ihrer An=
frage wegen „Schandfleck" noch immer nicht geantwortet,
nämlich es eilt für's Erste nicht, da der Roman erst
mit September schließt, also erst zwei Monate später,
d. i. December l. J., erscheinen darf, zweitens, als
„angegangener" Familienvater sehe ich mich auf die
möglichste Verwerthung meiner Producte angewiesen,
nun bin ich aber nicht Hausirer, ich sitze vielmehr ruhig
bei meinem Kram und warte auf ein Anbot, dem Meist=
bietenden schlage ich zu, entspricht mir ein Anbot nicht,
so kann es noch warten, ich habe Zeit, also ist hier
nicht die Frage, was ich verlange, sondern: was können
Sie geben?

Das ist also Geschäftssache und da werden Sie
mir Nichts verübeln. Als Mensch befinde ich mich
ganz passablich, auch Frau und Kind sind wohl und ich

wünsche, daß auch Sie als Mensch und Familienvater alle Ursache haben, sich zufrieden zu fühlen, als Sortimenter und Verleger begreife ich wohl, daß Sie bei diesen theuren Zeiten ein „heikliches" Dasein führen.

Ich habe eben als Romancier die Feder aus der Hand gelegt, aber nur, um sie als Dramatiker sofort aufzugreifen und einzutunken. Indessen dürften sich nun doch einige Ruhetage finden und ich werde vielleicht einmal gar wieder hinein in die Stadt kommen.

Es grüßt Sie auf das Beste
Ihr freundgesinnter
L. Anzengruber.

Wien, den 27. August 87(i.

Verehrtester!

Daß auch Dichter meiner Art leben wollen, ist eine ziemlich anerkannte Wahrheit, und ich dürfte mich mit meinem Kampfe um's Dasein kaum im Irrthume befinden, indessen fällt es mir nicht ein, Ihnen eine ökonomische Vorlesung zu halten, ich lasse eben unsere beiderseitigen Standpunkte dahingestellt sein; ich ärgere mich nur, daß ich Ihnen offen und ehrlich geschrieben habe und mich täuschte in der Art der Antwort, die ich von Ihnen erwartete. Statt eines Anbotes, das mir offen heraussagt, das kann ich bieten, also etwas Greifbares, über das sich verhandeln läßt, Ja oder

3

Nein sagen läßt, kommen Sie mit ganz unbekannten Größen von dem „Möglichsten". Sie fragen: „Was kostet der Roman?" Und ich antworte: „Was bieten Sie mir?" Weil ich ja doch nicht wissen kann, was Ihnen etwa doch zu stark wäre, aber die leicht ver= zeihliche menschliche Schwäche habe, gerne so viel als ich nur irgend kriege, zu nehmen, — darüber werden Sie böse?!

Wenn Sie Etwas auf dem Lager hätten, sagen wir ein Unicum und Sie böten es mir zu einem er= träglichen Preise an, aber ich wüßte einen Käufer, der es Ihnen überzahlte, ich wäre der Narr und würde Ihnen denselben selbst zuführen, ich denke das wäre freundschaftlicher — aber jedenfalls weniger klug.

Es war sohin noch gar nicht die Frage: Wer gibt mehr? Ich habe an Sie, als den Ersten, die Anfrage gestellt, was geben Sie? Mir die Freiheit vorbehaltend, auf Ihr Anbot einzugehen oder nicht, was denn doch, glaube ich, recht und billig sein dürfte.

Uebrigens ist es ohnehin nicht möglich, mit dem Buche da zu sein, sobald der Roman im Blatte ab= schließt, da, wie ich geschrieben habe, den Abmachungen mit der Redaction zufolge, erst zwei Monate nach dem Erscheinen das Buch auf dem Büchermarkte erscheinen darf.

Ich habe nur mit diesen Zeilen aussprechen wollen, was mich in Ihrem Schreiben zur Erwiderung anreizte, weiter kann es keinen Zweck haben, hat auch keinen.

Meinerseits bleibe ich Ihnen freundgesinnt, auch wenn Sie eine andere Ansicht fassen sollten

von Ihrem ergebenen

L. Anzengruber.

Wien, d. 29. Aug. 876.

Werther Freund!

Ihr Anbot ist recht honnet, was ihm aber fehlt, das ist wieder das Greifbare — wenn ich nicht weiß, wie hoch Sie den Preis des Buches zu stellen gedenken, so weiß ich ja wieder Nichts; ich kann mir keine Idee machen, inwieferne da auf einen Absatz zu hoffen ist. Wenn Sie zwölfhundert Exemplare drucken, so ist, meiner Voraussicht nach, der Vertrieb beschränkt und ein größerer Preis, als das Buch verträgt, schon mit bedingt.

Sie urtheilen, was ich übrigens recht gerne dank= bar anerkenne, mit freundschaftlichen Gefühlen gegen den Autor über das Werk, Sie denken da sogar mit einem „Volksbuche" zu kommen, Sie sagen: „Vielleicht irre ich!" — ich sage: Sie irren sich ganz bestimmt, ob= gleich es ja mein eigener Vortheil wäre, wenn Sie die Wahrheit getroffen hätten. Das Volk, das Gros, die Masse schätzt eine derartige Schreibweise nicht, versteht die Feinheiten der Zeichnung ꝛc. ꝛc. nicht. Möglich, daß es sich dann für die Fabel an sich

3*

interessirt, aber können Sie einen Preis machen, daß es die sparsamen Leute kaufen? Vorausgesetzt, daß sie überhaupt den guten Willen haben, sich dieses Buch anzuschaffen?

Ganz richtig bemerken Sie, wenn Sie nicht „herauskommen", so verstimmt das uns Beide. Wenn nun ein Anderer „r'einfiele" als Sie, so würde mich das ganz kalt lassen; ich hätte einem das Buch gerne für fl. 600 für 5000 Exemplare verkauft — Zahl der Auflagen, die er in dieser angegebenen Summe von Exemplaren zu machen beliebt, mir gleichgiltig. Ich hätte mich weiter nicht zu scheeren, und wenn das Buch eben nicht ginge, so ärgerte mich das wenig, da ich an der Persönlichkeit des Betreffenden weiter keinen Antheil nehme. Natürlich stellt sich dem gegenüber Ihr Anbot als das glänzendste heraus, denn die gleiche Anzahl Exemplare trüge mir 50 fl. über das Doppelte (1250 fl.) ein, wird's aber nicht, denn darauf kommen wir nie!

Sie entschuldigen, daß ich Ihnen das auseinandersetze, und nehmen wol daraus keinen Anlaß zu neuerlichen Mißverständnissen; ich wollte Ihnen lediglich nur zeigen, daß ich mein Interesse zu wahren suchte, ohne dabei einen Freund für den Fall eines Mißlingens der Speculation zu schädigen.

Da nun die Dinge so liegen, daß mir für eine Auflage von zwölfhundert Exemplaren 300 fl. zugute kommen, zwei Auflagen etwa doch erreicht werden können, sohin meine Forderung von 600 fl. gedeckt erscheint, bei welchen Folgerungen ich allerdings mich auf einen optimistischen Standpunkt stelle, so gehe ich auf Ihr Anbot ein, mögen Sie Recht haben und nicht ich, was den Erfolg anbelangt!

Stillen Sie bald meine Neugierde in Betreff des Preises. Der Roman hat circa 10 350 Zeilen, sohin etwa gegen zwanzig Bogen (neun Bogen Format der „Heimat"). Sie werden besser wissen, wie viel das gibt. Den Druck anlangend, muß ich Sie jedoch bitten, mein Handexemplar etwa am Donnerstag abholen zu lassen, da einige Correcturen nothwendigster Art in demselben nachgetragen sind.

Sohin bestätige ich Ihnen nur den Empfang und Annahme Ihres Offertes, erwarte nur noch Ihre Willensmeinung betreffs der Auflage, ob Sie auf derselben bleiben und Angabe der Zeit, um welche alljährlich Verrechnung gepflogen werden soll!

Ihr freundgesinnter

L. Anzengruber.

* * *

Am 27. Jänner 1877 wurde im Theater an der Wien „Der ledige Hof", Schauspiel in vier Acten, zum ersten Male, im Ganzen an acht Abenden hintereinander aufgeführt. Ich muß hier noch ergänzend bemerken, daß nur die erſten vier Stücke Anzengruber's unter dem Pſeudonym L. Gruber aufgeführt und gedruckt wurden. Die ſpäteren Arbeiten trugen ſämmtlich den vollen Namen des Autors.

Im Frühjahr 1877 ſuchte mich eines Tages Herr Theodor Giesrau auf, der um jene Zeit wohlbeſtallter Adminiſtrator des Carltheaters war. Er kam im Auf= trage ſeines Directors Jauner, welcher die Abſicht hatte, Anzengruber als Dichter für ſein Theater zu ge= winnen, und mich bitten ließ, die Sache zu vermitteln.

Ich bat den Dichter zu mir, theilte ihm mit, um was es ſich handle, und daß er die denkbar beſten Be= dingungen ſtellen könne.

Anzengruber ſah mich groß an, ſein Geſicht röthete ſich, er nahm den Zwicker und putzte die Gläſer, bis er endlich ein „Nein!“ hervorſtieß.

Ich war erſtaunt.

„Es bindet Sie doch nichts, für den Mann ein Stück zu ſchreiben. Er zahlt, was Sie wollen.“

„Der meint's nicht ehrlich!“ preßte er dann hervor.

„Weshalb ſollte er es nicht ehrlich meinen? Die Operetten und franzöſiſchen Sittenbilder ziehen nicht mehr, er will es mit einer anderen Koſt verſuchen. Ich würde nicht dazu rathen, wenn ich den geringſten Nach= theil für Sie erblicken könnte!“

Das schien er nach langem Hin= und Herreden
einzusehen und ermächtigte mich, der Direction mitzu=
theilen, daß er am nächsten Morgen in der Kanzlei
vorsprechen werde. Er erschien pünktlich. Giesrau
stellte ihn dem Director vor, der ihn in seiner über=
schwänglichen Weise empfing. Anzengruber verpflichtete
sich vorläufig zu einem Stücke, welches im Herbste zu
liefern wäre. Seine Bedingungen wurden unverändert
angenommen und der Vertrag sollte ihm an einem der
nächsten Tage zur Unterzeichnung zugesendet werden.

Anzengruber's Einnahmen dürften um jene Zeit,
da er noch nicht — wie dies später der Fall war —
als Redacteur fixes Einkommen bezog, sehr bescheiden
gewesen sein, denn am nächsten Tage, noch ehe die Ab=
machung mit Jauner unterzeichnet war, kam er zu mir
und sagte mir, er möchte mit seiner Familie auf's Land
und den Sommer über in Ruhe arbeiten; das könne
er nicht, wenn er nicht von Jauner einen Vorschuß be=
käme. Er wünschte durch drei Monate monatlich hun=
dert Gulden zugesendet, und wenn sich die Nothwendig=
keit herausstellen sollte, durch vier Monate, damit er
ruhig bei der Arbeit bleiben könne. — Das solle ich
vermitteln. Er habe sich genirt, die Sache gleich selbst
vorzubringen. Ich ging selbstverständlich sofort zu meinem
allezeit getreuen Giesrau, der auch die Leute „nach

berühmten Mustern" rauh anfährt, dabei aber der wohl=
wollendste, gefälligste Mensch ist. Er ließ mich kaum
ausreden. „Warum hat er mir denn das nicht gleich
gesagt? Er soll nur morgen früh kommen, ich werd's
schon machen!"

Als Anzengruber am nächsten Tage bei Giesrau
erschien, sagte ihm dieser: „Ich habe Ihr Anliegen dem
Director Jauner noch gestern mitgetheilt. Gegen den
Vorschuß als solchen hatte er selbstverständlich nichts
einzuwenden, aber die Form gefällt ihm nicht. Sie
wünschen, daß Ihnen durch drei oder vier Monate
monatlich hundert Gulden geschickt werden. Wenn Sie
nun einmal in einem Monate damit nicht auslangen
würden, dann müßten Sie sehnsüchtig der nächsten
Geldsendung entgegenharren oder, was noch peinlicher
wäre, gar in der Zwischenzeit mit einem Anliegen
kommen; diese Form paßt dem Director Jauner nicht.
Er hat mich beauftragt, Ihnen tausend Gulden zu
übergeben, die wir seinerzeit von der Tantième in Ab=
zug bringen werden!" Mit diesen Worten legte Giesrau
dem schmunzelnden Dichter das bezaubernd schöne Bild=
niß, den Tausender, hin.

„Wie soll ich das bestätigen?" fragte Anzengruber.

„Gar net! Ich werd's Ihnen nit abdischputiren,
daß ich Ihnen die tausend Gulden geben hab'!"

Freundlich lächelnd theilte mir Anzengruber dies mit. Den Tausender ließ er bei Wodianer wechseln und zog mit seiner Familie zum Sommeraufenthalt nach Preßbaum.

Um jene Zeit hatte das Theater in der Joseph= stadt in der Person des Schriftstellers Eduard Dorn einen neuen Director bekommen. Dorn war in seiner Jugend Schauspieler, ein Schüler Ludwig Löwe's. Er war an guten Bühnen engagirt, u. A. am k. k. Hof= burgtheater, wo er als Hans Sachs in dem gleich= namigen Stücke von Deinhardstein debutirte. Es dürfte an dieser Stelle die Mittheilung interessiren, daß der Statist, welcher an jenem Abend im Festzuge die Fahne dem Schwertmeister vorantrug — Adolph Sonnenthal hieß. Als ich Dorn vor mehr als dreißig Jahren kennen lernte, war er Portraitmaler, später machte er einige technische Erfindungen, die er gut verwerthete, dann leitete er unter Strampfer das Oekonomiewesen des Theaters an der Wien und hatte sich schließlich als Volksdichter einen guten Namen gemacht, indem er mit „Börse und Arbeit", „Haus Wiener und Cie.", „Die Veilchendame", „Rozsa Sándor", „Vater Radetzky", „Das letzte Aufgebot" und vielen anderen Komödien dem Volkstheater Zugstücke lieferte. Nun wollte er es als Director versuchen. Dorn war von den besten Ab-

sichten beseelt, und im August 1877 wendete er sich an
Anzengruber um ein Stück für seine Bühne, für welches
er ihm das Erträgniß mit achthundert Gulden garan=
tirte, und zwar zahlte er vierhundert Gulden bei Mit=
theilung des Stoffes und vierhundert Gulden bei Ueber=
gabe des Stückes.

Es ist höchst interessant, zu vernehmen, welche
Vorschläge Anzengruber macht.

Er schreibt an Dorn am 12. August:

„Zwei Stoffe zu Volksstücken habe ich in petto, er=
laube mir, dieselben in aller Kürze zu skizziren.

Ein Stück: „Das vierte Gebot" (Trauerspiel)
behandelt das Thema der Verziehung, des üblen Bei=
spieles der Eltern — daraus resultirend die Unmög=
lichkeit des „Ehre Vater und Mutter". — Die Tochter
wird leichtfertig, Sohn jähzornig, Soldat, erschießt seinen
Vorgesetzten.

Figuren:

Das unsaubere Elternpaar,

Die Tochter,

Der Sohn,

Die brave Großmutter (rührende Episode).

Der Feldpater (junger Geistlicher mit reinem
Charakter, braven Eltern, beneidet von dem „Sohn",
dessen Jugendfreund er ist).

Die Geschichte wird effectvoll, aber tragisch.

Ernst, aber nicht bis zur Tragik sich „hinauf=
rabelnd“, wäre der andere Stoff:

„Man lebt nur einmal.“

Auf Grund dieser Devise diverse Lebenskreise
schildernd.

Resultat: Man soll dieses eine Mal honett leben.

Mehr Ihnen zu verrathen, ist mir derzeit that=
sächlich noch unmöglich, erst muß ich die laufende Arbeit
erledigen, dann ginge ich nach Ihrer Wahl an eine der
betreffenden. Und erst dann lichtet sich bei mir das
Chaos, die Gestalten bekommen Umriß und Charakter.
Daß in beiden Stoffen, richtig aufgefaßt und gewissen=
haft durchgeführt, der Fonds zu wirksamen Volksstücken
liegt, das werden Sie wol, trotz der kurzen Andeutung,
meine ich, zugeben.

Freilich, zu lachen wird es nicht viel dabei ab=
setzen. Aber als Dramatiker bleibt es für mich eine
wohl aufzuwerfende Frage: ob denn immer gelacht
werden muß? Man kann das Publicum auch packen.
Und für die Schauspieler sind ernste Aufgaben eine
Nothwendigkeit.

Ich erwarte Ihre freundliche Entschließung.

Mit dem besten Gruß

Ihr freundgesinnter

L. Anzengruber.

*   *   *

Anzengruber arbeitete im Sommer 1877 fleißig in Pötzleinsdorf und lieferte im Herbste an Director Dorn „Das vierte Gebot", Volksstück in vier Acten, und an Director Jauner „Ein Faustschlag", Schauspiel in drei Acten. Das „Vierte Gebot" stieß wegen seiner Tendenz auf Censur-Schwierigkeiten. Dorn, ein alter Theater-Praktiker, fand einen Ausweg. Er strich den Titel und nannte die Komödie einfach: „Ein Volks= stück in vier Acten." So gelang es ihm, das anfangs beanstandete Stück durchzubringen.

Am 9. December, während der Dichter die Correc= turen zugesandt erhielt, schreibt er mir:

Es ist nicht hübsch, daß Sie zu dem neuesten Kinde meiner Muse weder „mu" noch „mau" sagen.

Sie wissen ja, daß ich das gerne schriftlich habe. Gefällt's, so macht mir's Freude und ist mir lieber, als in's Gesicht; gefällt's nicht, ist mir's auch lieber, jeder Auseinandersetzung auszuweichen, denn Sie wissen, es hilft nicht bei mir, ich bin so unverbesserlich, wie der verdammte Heide Pilatus. „Was ich geschrieben habe, habe ich geschrieben."

Besten Gruß

Ihr

Anzengruber.

Wir standen eben im December, vor den Weih=
nachts=Arbeiten, da ging es mit der Privat=Correspon=
denz immer langsamer.

„Ein Volksstück" („Das vierte Gebot") wurde im
Theater in der Josephstadt am 29. December 1877
zum ersten Male gegeben und erlebte dreißig Auf=
führungen.

Weniger glücklich war der Dichter mit dem „Faust=
schlag". Das Stück paßte nicht für das Carltheater.
Es gefiel dem Director Jauner nicht, er und sein Lector
fürchteten einen Mißerfolg, dabei hatte Niemand den
Muth, dem Dichter die Wahrheit zu sagen, man ver=
schanzte sich hinter Ausflüchten, Besetzungs=Schwierig=
keiten und gab dem Dichter schließlich das Stück mit
der Motivirung zurück, das Personal des Carltheaters
verfüge zur Zeit nicht über die Kräfte, welche zur Dar=
stellung eines solchen Schauspieles erforderlich wären,
die Direction erbitte sich ein anderes, heiteres Stück
dafür.

Anzengruber war verschnupft und vermied es, mit
mir über die Sache zu sprechen. Er fragte schriftlich
bei mir an, „ob ich die Absicht habe, das Stück men=
schenfreundlich meinem Verlage einzuverleiben", was ich
selbstverständlich bejahte, und brachte in der Folge dem
Carltheater ein anderes Stück: „'s Jungferngift",

Bauernkomödie mit Gesang in fünf Abtheilungen, welches vom 21. bis 28. April 1878 gespielt wurde. Einen vollen Erfolg hatte auch diese Comödie nicht. Die Cassen=rapporte waren sehr bescheiden. Es war vielleicht auch der Umstand nicht ohne Einfluß auf den Rückgang der Theatergeschäfte, daß Jauner mittlerweile Director des Hof=Operntheaters wurde und sein Hauptinteresse von der Leopoldstadt abgelenkt war. Die Theater leiden immer unter solchen Provisorien und Zwitterstellungen.

Mitte Mai etwa brachten die Zeitungen eines Morgens die Notiz, Director Jauner habe die Direction des Carltheaters an Franz Tewele abgetreten und werde am 31. Mai das Theater unter seiner Direction schließen. Mich überraschte das Ereigniß nicht, welches schon längere Zeit als Gerücht die Luft durchschwirrte, wol aber unseren Dichter. Früh am Morgen suchte er mich schon auf, er sah fast verstört aus, als er bei mir eintrat und mich fragte, ob ich die Mittheilung gelesen. Ich war erstaunt, ihn so alterirt zu finden. „Was ge=schieht jetzt mit mir?" fragte er mich ungestüm. „Ich habe, wie Sie wissen, tausend Gulden bekommen, die Tantième, die mir gutgeschrieben wurde, beträgt nicht die Hälfte des Vorschusses, ich bin dem Manne also an sechshundert Gulden schuldig, die wird er jetzt vermuth=lich eintreiben wollen, wer weiß, mit welchen Mitteln!"

Ich suchte Anzengruber zu beruhigen. Von „ein=
treiben" werde keine Rede sein, Wechsel oder Schuld=
scheine habe er nicht unterschrieben, schlimmsten Falles
werde er für Jauner's Nachfolger ein Stück schreiben
müssen, ich werde übrigens das kürzeste Verfahren ein=
leiten und sofort in die Leopoldstadt fahren, in einer
halben Stunde wissen wir genau, wie wir daran sind.
Giesrau empfing mich, wie gewöhnlich, sehr lieb und
ließ Anzengruber für eine Nachmittagsstunde zu sich
bitten, bis dahin werde er Alles zu seiner Zufrieden=
heit erledigen. Meine Nachricht beruhigte Anzengruber
vollends, und als Giesrau ihn Abends zu Director
Jauner geleitete, umarmte ihn dieser in seiner stür=
mischen Weise, und indem er ihn bei beiden Händen
hielt, überschüttete er ihn mit Freundlichkeiten und bat
ihn, schmerzlich bedauernd, daß ein so vortreffliches
Stück dem Dichter nicht mehr als tausend Gulden ein=
gebracht habe, das Conto in dieser Weise abschließen
zu dürfen.

Fast wortgetreu, wie Anzengruber mir den Aus=
gang dieser Affaire erzählte, gebe ich ihn hier wieder.

Im August wurde die zweite Auflage des
„Meineidbauer" gedruckt. Der Dichter ist angenehm
überrascht, bittet jedoch, ihm jetzt keine Correcturen zu
senden. „Es zerstreut mich das so, daß ich es nicht

thun kann. Einem Andern kann's ja Pappe sein, mir nicht. Ich komme heraus, sobald ich eine ältere Me= lodie in meine neue spielen höre." Er bittet noch um eine selbständige Beschreibung des Phonographen. „Dieses Instrument spukt in den Journalen und selbst Kalendern herum ganz schemenhaft. Es würde mich sehr verbinden, wenn etwas in einem Fachblatte oder sonst verläßlich Genaues zu finden wäre, dasselbe zugeschickt zu er= halten."

Am 27. September 1878 wurde das Ringtheater unter der Direction Friedrich Strampfer's eröffnet mit „Alte Wiener", Volksstück mit Gesang in vier Acten, welches viel Beifall hatte, und schon am 8. November brachte das Theater an der Wien „Die Trutzige", Bauern=Komödie mit Gesang in drei Acten, und wieder= holte die Aufführung an zwölf Abenden.

Am 4. Jänner 1879 kam im Theater in der Josephstadt „Der Faustschlag". Das Stück wurde, wol nur aus Rücksicht für den Autor, zehnmal gegeben. Es hatte sehr schwachen Erfolg.

Am 4. April gelangte im Theater an der Wien „Die umkehrte Freit" zur Aufführung. Ein Ge= legenheitsstück für die Kurzbauer=Akademie. Es wurde freundlich aufgenommen, einige Male wiederholt und ist

in Rosegger's „Heimgarten" erschienen. Am 28. De=
cember brachte das Theater an der Wien eine fünfactige
Posse „Aus'm gewohnten G'leis". Sie lebte nur
drei Abende und ist wol Anzengruber's schwächste Ar=
beit. Von meinem Rechte, zwölfhundert Exemplare
drucken zu dürfen, habe ich diesmal nicht vollen Ge=
brauch gemacht. Ich ließ es bei fünfhundert bewenden.
Seide habe ich mit den Anzengruber'schen Stücken nicht
gesponnen. Vier gangbare Stücke konnten kein Aequi=
valent für elf ungangbare sein, aber ich war auch als
Verleger ein Mensch, ein literarischer Mensch, ich liebte
meinen Dichter, ich glaubte an ihn und hoffte, daß der
Kreis seiner Verehrer sich von Jahr zu Jahr erweitern
und daß seine Gemeinde wachsen werde.

Ein idealer Aussichtspunkt, den Autor und Ver=
leger zeitweilig — nicht erleben.

Mit der mißglückten Posse „Aus'm gewohnten
G'leis" sistirte Anzengruber seine Thätigkeit als Drama=
tiker für viele Jahre, um sie als Erzähler um so erfolg=
reicher aufzunehmen.

* * *

Anzengruber hatte sich also den Erzählern zugesellt
und mit bedeutendem Erfolge.

4

„Wie der Huber ungläubig wurde", „Der
Gott überlegene Jacob", „Das Sündkind", „Die
fromme Kath'rin", welche zuerst in Lindau's „Nord
und Süd" erschienen, sind beliebte Repertoire-Stücke
unserer Vorleser geworden und zählen zu den besten
Hervorbringungen der deutschen Literatur. Ich plante,
diese vier „Skizzen", wie sie ihr Verfasser bescheiden
nennt, in einem Bande herauszugeben. Die nachfolgen-
den Briefe beziehen sich hierauf. Sie charakterisiren den
Menschen Anzengruber glänzender, als irgend ein Bio-
graph es vermöchte.

Perchtoldsdorf, 1 VI. 1879.

Werther Freund!

Ich wurde wiederholt angegangen von draußen,
jene Arbeiten, die in „Nord und Süd" erschienen, zu
veröffentlichen. Ich habe keine Ursache dazu, falls man
meine Bedingungen acceptirt, nicht darauf einzugehen,
denn ich muß verdienen.

Was ist es, was wird oder soll es werden mit
Ihrem Project der illustrirten Ausgabe? Ich kann nicht
warten, sonst geht die günstige Gelegenheit, die Sachen
loszuschlagen, verloren.

Meine Bedingungen sind für sämmtliche Stücke,
welche in „N. u. S." erschienen, tausend Mark nach

Courswerth oder in Marktscheinen. Auflage danach billiger-
weise vom Verleger zu bemessen.

Könnten Sie die illustrirte Prachtausgabe zu
Stande bringen, würde ich Ihnen rathen, kaufen Sie
die Skizzen.

Wenn aber nicht, so rathe ich Ihnen als Freund
dem Freunde, thun Sie's nicht. Ich habe es beim
„Schandfleck" ebenso gehalten und Beide haben wir
Nichts davon. Diesmal möchte ich aber nicht mitthun,
verlange daher auch nicht von Ihnen, daß Sie sich
hineinstürzen.

Je nun, Wort bleibt Wort. Sie haben sich als
der Erste gemeldet, ich respectire dies. Getrauen Sie
sich, was Sie sich getrauen mögen, und geben Sie davon, aber baldigst Bescheid

Ihrem freundgesinnten

L. Anzengruber.

PS. Buch müßte aber noch heuer auf den Markt
oder doch Honorar früher flüssig sein, das heißt, ich
brauch's noch dies Jahr.

Perchtoldsdorf, 10. VI. 79.

Werther Freund!

Habe Ihren Brief erhalten, und da die geträumte
Prachtausgabe in den Brunnen fällt, kann ich Ihren

4*

Entschluß, den Verlag der Skizzen dennoch zu über=
nehmen, nicht billigen.

Sie kennen mich als sehr offenen Menschen, das
heißt, ich gebe mich als Freund, ich nehme Theil an
Ihnen, nur Gleichgiltigen gegenüber verzichte ich auf die
Gabe der Sprache und die Kunst des Briefschreibens.

Sie geben sich doch wol keiner Illusion hin, wenn
Sie diesen Artikel in Verlag nehmen? Sie dürften wol
die aufdämmernde Ahnung haben, daß Sie froh sein
müssen, dabei „herauszukommen"? Wenn Sie anders
denken, so verwarne ich Sie feierlich, freventliche Träume
von Absatz, Barbestellungen 2c. 2c. fahren zu lassen.

Wenn Sie jedoch von oben beregter Ahnung er=
faßt sind, warum thun Sie es? „Um mich nicht ziehen
zu lassen?" Um also Anzengruber=Verleger zu bleiben.

Nun denn, ganz ehrlich und offen heraus: Sie
wollen, so was man sagt, „ein Opfer bringen". Das
Honorar von tausend Mark bezeichnen Sie doch selbst
als „viel Geld".*) Ich habe es lediglich für meine
Pflicht gehalten, weil wir doch zuerst von diesen Skizzen
in Hinsicht der Prachtausgabe gesprochen haben, Sie
davon zu verständigen, daß sich Andere angefragt und
Sie wissen, daß ich beigesetzt habe, wenn — denn, aber
sonst nicht! Ich habe für den Fall, als diese Ausgabe

---

*) Für neun Bogen gedruckter Novellen.

zu Stande gekommen wäre, mich wirklich der Ueber=
zeugung hingegeben, daß ein Geschäft zu machen sei.

Wenn Sie nun aber das Buch nur verlegen, um
auch das im Verlag zu haben, um es in keine andere
Hand gelangen zu lassen, so ist das ein Standpunkt von
dem aus ich die Sache nicht betrachtet haben möchte.
Ich habe da einen Anderen draußen sitzen, der zahlt
für 'nen Band schon gedruckter Arbeiten fünfhundert
Mark. Wenn ich nun von Aelterem und Neuerem ein
weiteres Buch zusammenstelle, wollen Sie da wieder mit
selbstmörderischem Beginnen vorspringen und auch für
diese fünfhundert Mark aufkommen?

Ich kann mir nicht denken, daß Ihnen der Sinn
darnach steht. Aber ich kann mich meinerseits ebenso=
wenig entschließen, was man „zufließendes“ Honorar
nennt, von der Hand zu weisen.

Es liegt also die Möglichkeit sehr nahe, daß ich
den Versuch, „Gesammeltes“ auf den Büchermarkt zu
werfen, jetzt von Zeit zu Zeit wiederhole. Wollen Sie
da jedesmal mitversuchen? Ich weiß nicht, aber ich
möchte doch nicht dazu gerathen haben. Ich kann um
den Verlag dieses oder jenes Buches von einem oder
dem anderen Verleger angegangen werden, ich kann
meine Sachen anbieten und es dürfte sich der Fall er=
eignen, daß Mancher, der sich einmal das Vergnügen
schaffte, Anzengruber zu verlegen, ein zweites Mal dar=
auf verzichtet.

Gut, der Mann, den ich weiter nicht kenne, hat seine Rechnung nicht gefunden, das beschwert mich wenig, sobald ich nicht an Einen gebunden bin, aber sobald das der Fall sein soll, wäre es mir ein sehr unangenehmer Gedanke, etwa Einem eine Reihe von Zubußen aufzuerlegen. Mit einem Worte: mich beirrt es, mich genirt's, ich bewege mich gerne frei. — Was, wenn ich einmal eine Gesammtausgabe plane? Ich thue es vielleicht bald. Ich fühle mich von ganz eigenen Symptomen behelligt, mir ist manchmal, als hörte ich Frau Atropos mit der Scheere „scheppern". Auch in diesem Falle, da es sich um ein Erbe für meine Familie handelt, verlange ich ein volles Geschäft.

Sie sehen, lieber Freund, gegen unsere Zusammengehörigkeit als Autor und Verleger befinde ich mich in strammster Opposition. Als Freund können Sie mich immer betrachten.

Ich mußte Ihnen all' das in diesem langen Schreibebrief auseinandersetzen, weil ich keinen Abschluß betreffs der Skizzen Sie eingehen lassen kann, der in der Voraussetzung geschieht, sich dadurch den Verlag aller Werke und Werkchen zu sichern, die ich etwa herauszugeben oder zu schreiben beabsichtige. Das kann ich als honetter Autor nicht versprechen und ich möchte nicht, daß Sie dann hinterher Ursache haben, sich zu beschweren.

Im Uebrigen theile ich Ihnen mit, daß ich eine Auflage von zweitausend Exemplaren im Auge habe.

Bleiben Sie unter obwaltenden Umständen auf Ihrem Vorhaben bestehen, die Skizzen herauszugeben, dann bitte ich um Ihre Verständigung, auch im Falle Sie davon absehen. Nur ein paar Zeilen.

Also, nicht bös sein und die geschäftliche Angelegen= heit nicht zu sanguinisch betrachten.

Mit bestem Gruß

Ihr freundgesinnter

L. Anzengruber.

Perchtoldsdorf, 13. VI. 1879.

Werther Freund!

Es ist selbstverständlich, daß, wenn Sie die Skizzen haben wollen, auch Sie dieselben haben sollen! Daß ich Sie von Angeboten, welche mir gemacht werden oder welche ich zu machen gedenke, in Kenntniß setze und Ihnen, wie man sagt, die Vorhand lasse, das war bei mir von vornherein ausgemacht. Ihnen den Ver= lag eines Artikels, von dem Sie sich Etwas versprechen, zu versagen, liegt mir ferne. Es ist mir darum zu thun, Sie in keine aussichtslose Concurrenz zu locken. Das war auch das Motiv meines letzten Schreibens, daß Sie zu meiner Freude auch so auffaßten, nämlich „rechtschaffen, ehrlich".

Mit den Bedingungen, wie sie in Ihrem Briefe festgesetzt sind, bin ich einverstanden. Die tausend Mark müssen meine diesjährigen Marienbader Reisekosten und dadurch verdoppelte Hauswirthschaftszubußen decken. Ich hätte sie somit gerne mit 30. September fällig.

Nun noch Eines:

Um dem dringenden Bedürfniß eines Verlegers nachzukommen, möchte ich einen Band zusammenstellen.

1. „Polizze." (Kennen's eh.)
2. „Gänse-Liesel." (Rosegger's Kalender.)
3. „Diebs-Annerl." (Reichskalender.)
4. „Eine Begegnung." (Rosegger's „Heim-garten".)

Preis fünfhundert Mark.

Reizt Sie auch dieses Programm?

U. A. w. g.

Herzlichen Gruß

Ihr

L. Anzengruber.

* * *

Das Programm der offerirten vier Geschichten reizte mich, offen gestanden, nicht. Sie sind älteren Datums, als die in „Nord und Süd" erschienenen, welche wahre Cabinetsstücke sind. Hätte ich sie refusirt, so würde sie ein anderer Verleger genommen haben,

dieſer Andere wäre aber vermuthlich in dem Momente
damit erſchienen, da ich die Aufmerkſamkeit des Publicums
und der Kritik für mein Buch in Anſpruch zu nehmen
gedachte, und hätte mir durch ſeine Concurrenz das er-
hoffte Geſchäft verdorben. Ich theilte dies dem Freunde
offenherzig mit und wir einigten uns dahin, beide
Sammlungen, für welche ich die begehrten fünfzehn-
hundert Mark bezahlte, unter dem Titel: „Dorfgänge"
in zwei Bänden zu bringen. Anzengruber ſchrieb zu
jedem Bande eine reizende, tiefſinnige „Plauderei als
Vorrede" und ich machte mir nur zur Bedingung, daß
er vor Ablauf eines Jahres kein neues Buch erſcheinen
laſſen dürfe, um im Vertrieb der „Dorfgänge" ein
Jahr lang ungeſtört zu ſein, denn es ſtand nämlich
wieder ein Band in Ausſicht. Noch im Juli 1879
ſchrieb er mir aus

Perchtoldsdorf.

Werther Freund! Habe „Treff-Aß" ſoeben noch
einmal vorgenommen, paßt mir gar nicht, ſtimmt im
Ton zum erſten Bande unſerer geſammelten Bauern-
geſchichten nicht, noch viel weniger zum zweiten. Es
iſt das ganz echter, wenn auch nicht ſchlechter „Kalender" und beabſichtige ich auch — gelegentlich — alles
Derartige unter „Kalender-Geſchichten" zu ſammeln.
Die zwei Theater-„Almanächer" werde ich Ihnen

nächstens retourniren. Ist kein Bedürfniß. Und von mir selbst wünsche ich zum wenigsten zu hören. Man muß mich nennen, so nennt man mich — im Uebrigen kennen mich wenige Zeitgenossen und diese Wenigen nicht viel.

Besten Gruß

L. Anzengruber.

Die Correcturen wurden nach Marienbad in den „Englischen Hof" gesandt. Von den „Plaudereien" er= bittet er ein paar Abzüge. Ich muß mit dem „Urtheil" wieder einmal nicht rasch genug gewesen sein, denn am 31. August fragt er an: „Nix geschrieben. G'fallt Ihnen Nr. 2 oder nit?"

Um das Interesse der Leser, die mir bisher gefolgt sind, nach jeder Richtung zu befriedigen, will ich hier nebenbei bemerken, daß die „Dorfgänge" von einem Theile der Kritik, wol meist zufällig (?), gänzlich ignorirt, von dem anderen brillant besprochen wurden und im Publicum gute Aufnahme fanden. Die Bilanz des Verlegers resultirte nach mehreren Jahren einen be= scheidenen Gewinn, der freilich in keinem rechten Ver= hältnisse zu den Auslagen und zur Arbeit stand, aber immerhin — ein Gewinn war. Die deutschen Ver= leger sind im Allgemeinen nicht auf Rosen gebettet, die Wiener sind es mit ihren Wiener Autoren noch weniger.

Ein Dichter vom Range Anzengruber's wird oft im „Literatur-Blatt" oder gar im Notizentheile mit einigen Zeilen abgethan, während das Erscheinen eines Romanes von Daudet oder Zola von sämmtlichen Journalen in großen Feuilletons gewürdigt wird. Was Wunder, daß das Gros der Leser nach der Lectüre greift, für welche sämmtliche Blätter die Posaune in langen Stößen ertönen ließen. Gelingt es einem Wiener Verleger aber, ein paar Autoren, die der großen Lesewelt früher gar nicht oder doch nur aus einzelnen Zeitungsartikeln bekannt waren, mit Glück einzuführen und ihre Namen mit Hilfe seiner rastlosen Thätigkeit bald zu den be= liebtesten zu machen, so darf er sich seines Glückes nicht lange übermüthig freuen, denn längst lauert draußen ein deutscher Bruder, der ihm neidisch die Buttersemmel aus der Hand schlägt und ihm den Autor abfischt, um — auch mit diesem Namen in seinem Verlags=Kataloge paradiren zu können.

Nach dieser kleinen Abschweifung, die man gütigst entschuldigen wolle, komme ich wieder zur Sache.

Der Dichter schreibt:

Weidlingau, 10. Septbr. 880.

Werther Freund!

Als Sie mir seiner Zeit untersagten, ein Buch vor Ablauf des Jahres nach Erscheinen der „Dorfgänge"

herauszugeben, wozu Sie allerdings das Recht hatten,
da beschloß ich meinerseits, mich nicht erst wieder in
der zwischen uns üblichen Weise herumzustreiten, nach
welcher Sie ein Werk von mir nicht gerne wo anders
erscheinen sehen wollen, wenn Sie sich auch keinen pe-
cuniären Erfolg davon versprechen, während ich Sie
von dieser wenig lucrativen Verleger-Laune immer ab-
zureden versuchte, und meinte, wenn es schon zum
„Reinfallen“ wäre, so lassen Sie dies einmal einen
Andern versuchen. Diesmal habe ich die Skizzen „Bekannte von der Straße“ einem Anderen in Verlag gegeben und bitte Sie, derohalben nicht böse zu sein und
dem Anderen (Albrecht in Steglitz) das bischen Verlag zu gönnen.

Dagegen habe ich Ihnen davon Mittheilung zu
machen, daß ich an die Bearbeitung des „Schandfleck“
in jenen Partien, welche in der Stadt spielen, gehe,
indem ich auf den ursprünglichen Plan zurückgreife,
nach welchem sich das Ganze auf dem Lande austrägt.
Das Honorar für diese Arbeit wird mir von anderer
Seite vergütet, damit brauche ich dem Verleger gar nicht
zu kommen. Was meinen Sie hiezu?

Mit 15. d. M. dürften wir von hier wieder nach
Wien übersiedeln. Nach all' den Freuden und Genüssen,
welche der Sommer brachte, ein wünschenswerthes Ereigniß.

Mit bestem Gruß

L. Anzengruber.

Mit der Umarbeitung des „Schandfleck" hatte es ein eigenes Bewandtniß. Anzengruber erzählte mir, er habe eines Tages aus Hamburg von einem Agenten ein Schreiben erhalten, in welchem ihm dieser mittheilte, daß sich in Amerika eine Anzengruber-Gemeinde gebildet, ein Kreis von Verehrern des Dichters. Diese Leute seien ganz besonders von dem Roman „Der Schand=fleck" begeistert, fanden aber bei aller Verehrung für das Talent des Dichters, daß dieses Buch in dem Theile, welcher in der Stadt spielt, — schwächer ge= rathen sei und nicht auf der Höhe der auf dem Lande spielenden Abtheilung stünde. Da man nun in Er= fahrung gebracht, daß nach des Dichters ursprünglichem Plane die ganze Handlung sich auf dem Lande hätte abspielen sollen, und daß er nur der Redaction der „Heimat" eine Concession gemacht, als er sich entschloß, die Heldin nach der Stadt zu bringen, so erlaube man sich die Anfrage, ob der Dichter geneigt wäre, den Roman nach dem ursprünglichen Plane umzuarbeiten. In diesem Falle offerirte ihm die Gesellschaft ein Honorar von dreitausend Gulden, und zwar tausend Gulden zahlbar bei erfolgter Zusage, die zweite Rate von tau= send Gulden, sobald er mittheilen könne, daß er mit der Arbeit zur Hälfte gediehen, und die dritte Rate von tausend Gulden fällig, sobald die Gesellschaft benach=

richtigt würde, daß der Roman in der neuen Gestalt
fertig sei. Die erste Rate ließ auch nicht lange auf
sich warten. Der Brief war, wie mir Anzengruber
mittheilte, im trockensten Geschäftsstyle einer Agentur
geschrieben, welche die Ordres ihrer Auftraggeber aus=
führt, gleichviel ob es sich um die Verwerthung von
Stiefelwichse, Fußbodenlack, Baumwolle oder um eine
literarische Arbeit handelt, und da der erste Tausender
sofort erfloß, so glaubte Anzengruber an die anonyme
amerikanische Gesellschaft, und auch ich hatte nicht
die geringste Ahnung von einer Mystification. Erst
nach dem Tode des Dichters erfuhr ich, daß die Ameri=
kaner — keine Amerikaner, daß es nordische Freunde
waren, welches dieses Project ersannen. Ob der Dichter
je die Wahrheit erfahren, ist mir unbekannt geblieben.

Um jene Zeit waren von den zweitausend Exem=
plaren des „Schandfleck" noch nahe an achthundert (vier
Jahre nach dem Erscheinen!) unverkauft. Diese zu
maculiren und das Buch neuerdings zu drucken, dazu
hatte ich das Herz nicht. Im Sommer 1883 löste mir
Anzengruber in sehr vornehmer Weise meine Vorräthe
ab und der „Schandfleck" erschien in der veränderten
Form in Leipzig. Aus dem städtischen Theile des
Buches wurde ein stattlicher selbständiger Band „Die
Kameradin", und nächst Albrecht in Steglitz waren

nun Schauenburg in Lahr, Schottländer in Breslau,
Minden und Breitkopf & Härtel in Leipzig, Spee=
mann in Stuttgart und Pierson in Dresden in der
Folge Anzengruber's Verleger, von denen sich aber die
Meisten, wie er sich selbst äußerte, „diesen Luxus nicht
ein zweites Mal gegönnt" haben. Für Wien erstand
ihm nur noch ein Verleger: Rud. v. Waldheim, für
den er den „Figaro" und nach Elmar's Tod den
Volkskalender „Der Wiener Bote" redigirte.

Einmal noch konnte ich dem Freunde als Ver=
mittler in einer Geschäftssache dienen und zwar bei
seinem letzten Engagement im Theater an der Wien.

Etwa Mitte Mai 1884 war Herr Jauner zum
vierten Male in Wien Director geworden. Er hatte
das Theater an der Wien gekauft und schickte meinen
Jugendfreund Ignaz Schnitzer, zu dem er kurze Zeit
in einem Associations=Verhältnisse stand, zu mir mit
der Bitte, er wolle Anzengruber dauernd für sein Theater
engagiren, — ich möchte dieses Engagement vermitteln.
Ich lehnte ab mit dem Bemerken: die Herrschaften seien
ja persönlich mit einander bekannt, Herr Jauner bedürfe
keines Vermittlers, er solle sich selbst an Anzengruber
wenden. Freund Schnitzer kam aber am nächsten Tage
wieder und betonte, daß Director Jauner großen Werth
darauf lege, daß ich die Sache in die Hand nehme,

und so entschloß ich mich denn, Anzengruber zu mir zu bitten und ihm die Affaire vorzutragen. Nun spielte sich eine Scene ab, ähnlich der, wie ich sie schon einmal mit ihm erlebt habe. Er lehnte zunächst ab, indem er ein kräftiges „Nein" hervorstieß, und völlig dunkelroth im Gesichte vor Aufregung rief er wie damals wiederholt: „Der meint's nit ehrlich!" Zornig ging er mit großen Schritten in meinem kleinen Laden auf und ab, als er mir zurief: „Er hat mein Stück „Der Faustschlag" nicht gegeben, weil er es nicht besetzen konnte — warum hat er sich nicht Leute dafür engagirt? Und überhaupt — wenn er etwas von mir will, warum kommt er nicht selbst zu mir? Als Sie von mir was wollten, kamen Sie auch selbst. Ich bin seit gestern Redacteur des „Figaro", und Herr von Waldheim ist auch zu mir gekommen!"

Ich widerlegte die Bedenken des Dichters. Ich hatte kein anderes Interesse, als ihm gefällig zu sein, und glaubte, ein bestimmtes Einkommen wäre nicht zu verachten, auch brachte ich ihm in Erinnerung, daß Director Jauner sich seinerzeit bei Finalisirung des Vertrages ziemlich nobel benommen. Meine Einwendungen stimmten ihn milder. Kurz, die Herrschaften kamen zusammen, und Anzengruber wurde für das Theater an der Wien als Dichter engagirt. Er war

verpflichtet, jährlich ein Stück zu schreiben, und dafür
erhielt er, außer der vereinbarten Tantième, eine Monats-
gage von hundert Gulden. — Das Engagement währte
zwei Jahre. Während dieser Zeit schrieb Anzengruber
„Heimg'funden" und „Stahl und Stein", es wurde
aber keines dieser Stücke durch Herrn Director Jauner
zur Aufführung gebracht. Einmal hieß es: man könne
die Aufführungen des „Zigeunerbaron" nicht unter-
brechen, ein andermal hatte man andere Bedenken, kurz
— es gab Leute, welche behaupteten, Director Jauner
habe es doch — nicht ehrlich gemeint und den Dichter
nur den anderen Theatern entziehen wollen. Ich selbst
war nicht dieser Ansicht. Anzengruber sprach mit mir
nie darüber.

Unser freundschaftliches Verhältniß blieb unverändert, obgleich ich nicht mehr sein Verleger war. Er
schenkte mir ab und zu eines seiner neuen Bücher mit
liebenswürdiger Dedication, und während der vielen
Jahre meines Krankseins erhielt ich immer wieder von
ihm schriftliche Beweise seiner Sympathie.

Im Sommer vorigen Jahres trafen wir uns eines
Abends im Prater mit einigen Freunden. — Ich sollte
ihn nicht mehr sehen.